Inhalt

Wiederholung: Selbstlaute erkennen

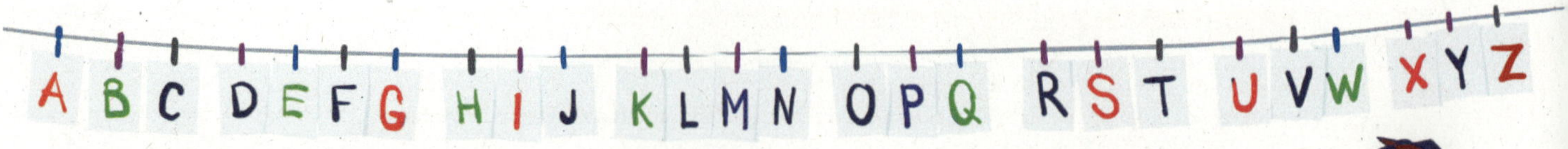

Unser Abc (Alphabet) hat 26 Buchstaben.

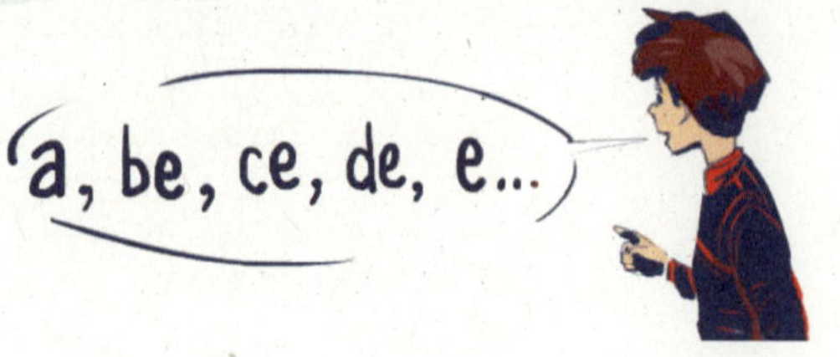

1 Lies alle Buchstaben des Alphabets.

du schreibst	du sagst
A, a	a
B, b	be
C, c	ce
D, d	de
E, e	e
F, f	ef
G, g	ge
H, h	ha
I, i	i

du schreibst	du sagst
J, j	jot
K, k	ka
L, l	el
M, m	em
N, n	en
O, o	o
P, p	pe
Q, q	qu (ku)
R, r	er

du schreibst	du sagst
S, s	es
T, t	te
U, u	u
V, v	vau
W, w	we
X, x	ix
Y, y	ypsilon
Z, z	zet

Wenn du das Abc aufsagst, brauchen fünf Buchstaben **keine** weiteren Laute.
Diese Buchstaben heißen **Selbstlaute (Vokale)**.
Sie können alleine gesprochen werden.
Die anderen **21** Buchstaben heißen **Mitlaute (Konsonanten)**.

2 Markiere die fünf Selbstlaute in der Tabelle.

3 Schreibe die fünf Selbstlaute auf.

____ ____ ____ ____ ____

Merke

Die Selbstlaute (Vokale) sind besonders wichtig.
Es gibt kein Wort ohne Selbstlaute.

Wiederholung:
Selbstlaute und Umlaute erkennen und einsetzen

Merke

Ä ä, **Ö ö**, und **Ü ü** nennt man **Umlaute**.
Umlaute sind mit den Selbstlauten verwandt.
Sie können wie die Selbstlaute alleine gesprochen werden.
Beispiel: **Äpfel, lächeln, zwölf, böse, Tür, müde**

1 Lies den Text.

In der Küche

Ich sitze am Tisch
und schäle eine grüne Gurke.
Nun würze ich sie mit Salz
und gebe Öl dazu.
Am Ende lege ich Käse zu der Gurke
und hole Brot und ein Glas Milch.

2 Markiere die Selbstlaute und Umlaute.

TIPP
Das lange i wird fast immer mit **ie** geschrieben.

3 Setze **a, e, i, ie, o, u, ä, ö** oder **ü** ein.
Tipp: Du findest alle Wörter im Text.

T___sch	Gl___s	n___n
h___le	gr___ne	s___
l___ge	___l	sch___le

Wiederholung: Die Zwielaute au, ei und eu erkennen und einsetzen

Merke

Au, au, Ei, ei und **Eu, eu** nennt man Zwielaute.
Bei den Zwielauten gehören immer zwei Selbstlaute zusammen.

1 Markiere **au** in den Wörtern und setze **au** in die Wörter ein.

Auch die graue Taube macht mal Pause.

Paul braucht eine Schraube für das Haus.

P____l	____ch	Schr____be
T____be	br____cht	P____se
H____s	gr____e	

2 Markiere **ei** in den Wörtern und setze **ei** in die Wörter ein.

Eins, zwei, drei, ich bin dabei.

Ich habe keine Zeit, weil ich gleich reite.

dab____	k____ne	dr____
w____l	Z____t	r____te
zw____	gl____ch	____ns

3 Markiere **eu** in den Wörtern. Setze **eu** in die Wörter ein.

Der neue Efeu kostet neun Euro.

Die Leute sind heute treue Freunde.

L____te	n____n	tr____e
h____te	Fr____nde	____ro
Ef____	n____e	

Wiederholung: Wörter in Silben zerlegen und mit Silbenbögen kennzeichnen

Merke

Wenn du Wörter langsam sprichst, zerlegen sie sich in Silben.
Ein Wort kann eine oder mehrere Silben haben.

Hut

Pau se

Ba na ne

1 Lies die Wörter langsam und deutlich.

2 Male Silbenbögen unter die Wörter.

Gur ke	Kä se	To ma te
Salz	Zi tro ne	Würs te
ich schä le	ich ho le	ich schnei de
Gar ne le	Scho ko la de	Brot
scharf	warm	kalt
Trau be	Sül ze	Ma kre le
Grä te	Pam pel mu se	Me lo ne

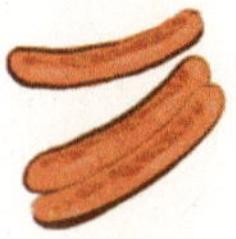

Wiederholung: Silben zu Wörtern verbinden

1 Sieh dir die Bilder an.

2 Bilde zweisilbige Wörter und verbinde sie mit den Bildern.

Wol	fe
Kro	be
Schlei	te
Müt	ze
Lam	ke
Schrau	ne
Tor	pe

3 Sieh dir die Bilder an.

4 Bilde dreisilbige Wörter und verbinde sie mit den Bildern.

La	na	te
Gar	da	ne
Ra	ke	le
Ba	di	ne
San	ter	ne

Überprüfe dein Wissen und Können

1 Setze die fehlenden Vokale, Umlaute oder Zwielaute ein.

2 Male Silbenbögen unter die Wörter.

M___we

R___be

W___ste

B____ne

Sch___le

M____s

K___ste

K___se

M____se

____le

3 Verbinde die Silben und schreibe die Wörter auf.

Rau	te	____________________
Hil	ge	____________________
Rei	fe	____________________
Sä	pe	____________________
Tin	se	____________________

4 Male Silbenbögen unter die Wörter und markiere die Vokale, Umlaute oder Zwielaute.

Ich kann jetzt

... Selbstlaute und Umlaute erkennen und einsetzen. (S. 4–5)	☐	☐	☐
... Zwielaute erkennen und einsetzen. (S. 6)	☐	☐	☐
... Wörter in Silben zerlegen und mit Silbenbögen kennzeichnen. (S. 7) ..	☐	☐	☐
... Silben zu Wörtern verbinden. (S. 8)	☐	☐	☐

Selbstlaute, Umlaute und Zwielaute erkennen und Wörter in Silben gliedern

1 Lies den Text.

Viele Tiere

Heute besuche ich meine liebe Tante Lene.

Das mache ich gerne, weil sie viele Tiere hat.

Meine Tante hat zwei alte Hunde. Sie sind schon grau.

Sie hat auch eine kleine Katze. Die Katze ist scheu.

Auf der Weide sind vier schwarze Kühe und eine braune Ziege.

Ich lege mich auf eine schöne, bunte Wiese.

TIPP

viele und ***vier***: Du hörst ein F, du schreibst ein V.

Merke

In jeder Silbe ist ein Selbstlaut (Vokal)	a, e, i, o, u
ein Umlaut	ä, ö, ü,
oder ein Zwielaut	au, eu, ei.

2 Markiere im Text alle Selbstlaute, Umlaute und Zwielaute.

3 Male Silbenbögen unter die Wörter. Schreibe die Wörter in Silben auf.

Tiere	Tie re	Wiese	______
heute	______	Tante	______
gerne	______	viele	______
braune	______	zwei	______
alte	______	Katze	______
scheu	______	Weide	______

1 Lies die Sätze.

Viele Tiere

Heute besuche ich meine liebe Tante Lene.

Das mache ich gerne, weil sie viele Tiere hat.

Meine Tante hat zwei alte Hunde. Sie sind schon grau.

Sie hat auch eine kleine Katze. Die Katze ist scheu.

Auf der Weide sind vier schwarze Kühe und eine braune Ziege.

Ich lege mich auf eine schöne, bunte Wiese.

2 Male Silbenbögen unter alle Wörter.

3 Schreibe die Wörter passend auf.

Hunde ich grau lege Ziege auch

◡◡ ____________ ◡ ____________

◡◡ ____________ ◡ ____________

◡◡ ____________ ◡ ____________

4 Suche dir aus dem Text je drei Wörter mit einer Silbe und drei Wörter mit zwei Silben aus. Schreibe die Wörter auf.

◡ ____________

◡◡ ____________

Wörter richtig abschreiben

1 Lies die sechs Arbeitsschritte.
Sie erklären, wie man das richtige Abschreiben von Wörtern übt.

1. **lesen** — Lies das Wort langsam und deutlich.

2. **gliedern** — Zerlege das Wort in Silben. Kennzeichne die Silben mit Silbenbögen.

3. **merken** — Lies das Wort noch einmal in Silben und merke es dir.

4. **abschreiben** — Schreibe das Wort ab. Sprich beim Schreiben die Silben mit.

5. **kontrollieren** — Vergleiche das Wort mit der Vorlage.

6. **berichtigen** — Wenn du das Wort falsch geschrieben hast, berichtige es. Streiche das falsche Wort durch und schreibe es richtig auf.

2 Schreibe die Wörter ab. Beachte die sechs Arbeitsschritte.

lesen, gliedern, merken	abschreiben, kontrollieren	berichtigen
heute	heute	
Tiere		
besuche		
ich		
meine		

lesen, gliedern, merken	abschreiben, kontrollieren	berichtigen
liebe	liebe	
gerne		
alte		
Hunde		
sind		
grau		
kleine		
Katze		
scheu		
Weide		
vier		
schwarze		
Kühe		
und		
braune		
Ziege		
Wiese		
schöne		

Aus Silben Wörter bilden

1 Setze aus den Silben passende Wörter zusammen.
Streiche die benutzten Silben durch.

se	Tan	ge	ze
~~Kü~~	de	Wie	Hun
Zie	te	Kat	~~he~~

Kühe ____________________

____

____

____

____

____

2 Setze aus den Silben passende Wörter zusammen.
Schreibe die Wörter in die Lücken.
Streiche die benutzten Silben durch.

be	ne	lie	al
ze	klei	te	schwar

Ich besuche meine ____________________ Tante.

Meine Tante hat zwei ____________________ Hunde.

Sie hat auch eine ____________________ Katze.

Auf der Weide sind vier ____________________ Kühe.

Überprüfe dein Wissen und Können

1 Male Silbenbögen unter die Wörter.
Schreibe die Wörter in Silben auf.

braune ______________	gerne ______________
und ______________	kleine ______________
scheu ______________	liebe ______________
mache ______________	alte ______________
viele ______________	meine ______________

2 Markiere die Selbstlaute, Umlaute oder Zwielaute.

3 Setze aus den Silben passende Wörter zusammen.
Schreibe die Wörter in die Lücken.
Streiche die benutzten Silben durch.

ze | klei | Wei

ne | scheu | de | schwar

Hun | grau | de

Die ______________ Katze ist ______________.

Die ______________ sind alt und ______________.

Vier ______________ Kühe sind auf der ______________.

Ich kann jetzt

… Selbstlaute, Umlaute und Zwielaute erkennen und Wörter in Silben gliedern. (S. 10)	☐	☐	☐
… Wörter in Silben gliedern und Silbenbögen malen. (S. 11)	☐	☐	☐
… Wörter richtig abschreiben. (S. 12/13)	☐	☐	☐
… aus Silben Wörter bilden. (S. 14)	☐	☐	☐

Nomen (Namenwörter) und Satzanfänge großschreiben

1 Lies den Text.

Der Einkauf

Meine Mama kauft sich eine Bluse.
Papa möchte eine Tasche haben.
Merle braucht für die Schule schwarze Tinte und bunte Knete. Ich finde flache Schuhe für die Tanz-AG.
Danach hole ich für meinen Opa eine Salbe für seine Wunde. Unser Opa testet eine Pfeife.
Unsere Oma findet eine Lampe für das Sofa.
Sie hat für uns auch eine Torte gekauft. Nun haben wir gute Laune.

Merke

Satzanfänge und **Nomen** werden **großgeschrieben**.

2 Markiere alle Satzanfänge.

3 Schreibe die Nomen aus dem Text auf.
Schreibe so:

TIPP
Wenn du **ein** oder **eine** vor ein Wort setzen kannst, ist das Wort ein Nomen.

ein: ein Einkauf, ...

eine: eine Mama, ...

Merke

Nomen (Namenwörter) werden **großgeschrieben**.

Im Text erkennst du Nomen an bestimmten Merkmalen.

Vor Nomen steht oft
- ein bestimmter Artikel: **der, die, das, dem ...**
- ein unbestimmter Artikel: **ein, eine, einen, ...**
- ein Pronomen: **mein, meine, meinen, dein, unser ...**

oder
- ein Adjektiv: **grüne, gute, schöne, ...**

1 Schreibe die Nomen geordnet auf.

eine Pfeife	**meinen Opa**	**das Sofa**	**flache Schuhe**
eine Bluse	**die Schule**	**bunte Kreide**	**eine Tasche**
unsere Oma	**seine Wunde**	**schwarze Tinte**	**der Einkauf**

Nomen mit bestimmtem Artikel: die Tanz- AG ____ ____ ____

Nomen mit unbestimmtem Artikel: eine Salbe ____ ____ ____

Nomen mit Pronomen: meine Mama ____ ____ ____

Nomen mit Adjektiv: gute Laune ____ ____ ____

Nomen (Namenwörter) in Treppengedichten erkennen

Vor ein Nomen kann man ganz viele Adjektive setzen.

Ich habe eine schwarze **Tasche**.

Ich habe eine schöne, schwarze **Tasche**.

Ich habe eine neue, schöne, schwarze **Tasche**.

1 Wähle Adjektive aus und setze sie vor die Nomen.
Markiere die Nomen.

blaue braune bunte gelbe grüne rote schwarze
weiche runde schöne gute teure neue

Merle braucht ______________ Knete.

Merle braucht ______________, ______________ Knete.

Merle braucht ______________, ______________, ______________ Knete.

Ich finde ______________ Schuhe.

Ich finde ______________, ______________ Schuhe.

Ich finde ______________, ______________, ______________ Schuhe.

Oma findet eine ______________ Lampe.

Oma findet eine ______________, ______________ Lampe.

Oma findet eine ______________, ______________, ______________ Lampe.

Nomen (Namenwörter) richtig abschreiben

1 Schreibe die Wörter ab. Beachte die sechs Arbeitsschritte.

1. lesen
2. gliedern
3. merken
4. schreiben und mitsprechen
5. kontrollieren
6. berichtigen

1. lesen 2. gliedern 3. merken	4. abschreiben 5. kontrollieren	6. berichtigen
Bluse	Bluse	
Tasche		
Schule		
Tinte		
Knete		
Schuhe		
Tanz-AG		
Salbe		
Wunde		
Pfeife		
Lampe		
Sofa		
Torte		
Laune		

Nomen und Satzanfänge großschreiben

1 Lies den Text genau. Alle Wörter sind kleingeschrieben.

der einkauf

meine mama kauft sich eine bluse. papa möchte eine tasche haben. merle braucht für die schule schwarze tinte und bunte knete. ich finde flache schuhe für meine tanz-AG. danach hole ich für meinen opa eine salbe für seine wunde. unser opa testet eine pfeife. unsere oma findet eine lampe für das sofa. sie hat für uns auch eine torte gekauft. nun haben wir gute laune.

2 Markiere alle Satzanfänge.

3 Unterstreiche alle Nomen im Text.

4 Kontrolliere mit dem Text von Seite 16.

5 Schreibe den Text richtig auf.

Überprüfe dein Wissen und Können

1 Lies die Sätze. Alle Nomen sind klein geschrieben.

Mein papa hat eine schöne, braune tasche.
Die salbe hilft für die wunde von meinem opa.
Unsere oma ist auf dem sofa und liest unter der lampe.
Am samstag gehe ich nicht in die schule.
Die fliege fliegt auf meine nase.
Deine tante hat die torte aus der küche gebracht.

2 Markiere die **15** Nomen.

3 Schreibe die Sätze richtig auf.

____

____

____

____

____

____

4 Schreibe sechs Nomen aus dem Kapitel auswendig auf. Kontrolliere sie.

____

____

Ich kann jetzt

… Nomen (Namenwörter) und Satzanfänge großschreiben. (S. 16)	☐	☐	☐
… Nomen erkennen und großschreiben. (S. 17)	☐	☐	☐
… Nomen in Treppengedichte erkennen. (S. 18)	☐	☐	☐
… Nomen richtig abschreiben. (S. 19)	☐	☐	☐
… Nomen und Satzanfänge großschreiben. (S. 20)	☐	☐	☐

Wörter erkennen, die auf -en enden

Merke

Bei Wörtern, die auf **-en** enden,
hört man das **e** oft nicht.
Du hörst und sagst: Rasn
Du schreibst: Rasen

1 Lies den Text.

Das Zelt

Paul hat ein Zelt auf dem Dachboden gefunden.

Er darf im Garten zelten.

Paul ruft seine Freundin Maren an.

Beide holen das Zelt vom Boden nach unten.

Paul baut es auf dem Rasen auf.

Zuerst fegen sie das Zelt mit einem Besen aus.

Nun gehen sie in einen Laden einkaufen.

Sie kaufen Kuchen, Birnen und zwei Flaschen Saft.

Danach liegen sie gemütlich auf dem Rasen.

Paul schaut nach oben in die Wolken.

Nein, es darf keinen Regen geben!

2 Markiere alle Wörter im Text, die auf -en enden.

3 Suche die 14 Wörter mit **-en am Ende**. Markiere sie.

H	A	L	T	E	R	A	W	B	I	R	N	E	N
K	E	B	E	S	E	N	O	R	E	G	E	N	G
A	N	N	E	B	E	L	L	A	N	F	O	D	A
U	H	O	L	E	N	A	K	S	E	E	B	E	R
F	L	I	E	G	E	D	E	E	I	G	E	R	T
E	B	O	D	E	N	E	N	N	N	E	N	I	E
N	K	U	C	H	E	N	D	A	U	N	T	E	N

Wörter, die auf -en enden, richtig abschreiben

1 Schreibe die Wörter ab.
Beachte die sechs Arbeitsschritte.

1. lesen 2. gliedern 3. merken	4. abschreiben 5. kontrollieren	6. berichtigen
Dachboden	Dachbodn f	Dachboden
gefunden		
Garten		
zelten		
holen		
fegen		
Besen		

2 Suche sechs Wörter aus, die für dich schwierig sind.
Schreibe sie ab. Achte auf die sechs Arbeitsschritte.

1. lesen 2. gliedern 3. merken	4. abschreiben 5. kontrollieren	6. berichtigen
Kuchen Birnen Wolken Boden Flaschen Laden einkaufen liegen gehen keinen unten geben		

Sätze mit Wörtern, die auf -en enden, richtig abschreiben

❶ Lies die sechs Arbeitsschritte. Sie erklären, wie man Sätze richtig abschreibt.

1. **lesen:** Lies den Satz langsam und deutlich.

2. **gliedern:** Gliedere den Satz in sinnvolle Teile, die du dir merken kannst.

3. **merken:** Schau dir den ersten Teil des Satzes genau an. Merke dir die Wörter.

4. **schreiben und mitsprechen:** Schreibe den ersten Teil des Satzes ab. Sprich beim Schreiben die Silben mit.

5. **kontrollieren:** Vergleiche deine Wörter mit der Vorlage.

6. **berichtigen:** Streiche falsch geschriebene Wörter durch und schreibe den Satzteil noch einmal richtig auf.

❷ Schreibe die Sätze ab. Beachte die sechs Arbeitsschritte.

Das Zelt

Paul hat ein Zelt auf dem Dachboden gefunden.

____

____

Er darf im Garten zelten.

____

____

3 Schreibe die Sätze ab. Beachte die sechs Arbeitsschritte.

Beide holen das Zelt vom Boden nach unten.

Zuerst fegen sie das Zelt mit einem Besen aus.

Nun gehen sie in einen Laden einkaufen.

Sie kaufen Kuchen, Birnen und zwei Flaschen Saft.

Danach liegen sie gemütlich auf dem Rasen.

Paul schaut nach oben in die Wolken.

Nein, es darf keinen Regen geben.

Nomen und Satzanfänge großschreiben

1 Lies den Text genau. Alle Wörter sind kleingeschrieben.

das zelt

paul hat ein zelt auf dem dachboden gefunden. er darf im garten zelten. paul ruft maren an. beide holen das zelt vom boden nach unten. paul baut es auf dem rasen auf. zuerst fegen sie das zelt mit einem besen aus. nun gehen sie in einen laden einkaufen. sie kaufen kuchen, birnen und zwei flaschen saft. danach sie liegen sie gemütlich auf dem rasen. paul schaut nach oben in die wolken. nein, es darf keinen regen geben!

2 Markiere die Satzanfänge.

3 Unterstreiche alle Nomen im Text.

4 Kontrolliere und berichtige mit dem Text von Seite 22.

5 Schreibe den Text richtig auf.

Das Zelt

1 Bilde mit den Silben Wörter und schreibe sie auf.

lie Gar fe Bo Re La zel

gen ten den

2 Ergänze die fehlenden Reimwörter mit Wörtern aus dem Text.

legen –		Taschen –	
suchen –		leben –	
warten –		weinen –	
Faden –		Welten –	

3 Schreibe die Wörter auf. Tipp: Achte auf die Großschreibung.

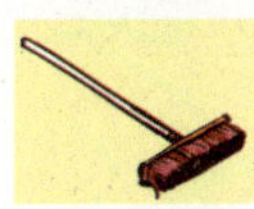

4 Schreibe eigene Wörter mit -en am Ende auf.

Ich kann jetzt

… Wörter erkennen, die auf -en enden. (S. 22)	☐	☐	☐
… Wörter, die auf -en enden, richtig abschreiben. (S. 23)	☐	☐	☐
… Sätze mit Wörtern, die auf -en enden richtig abschreiben (S. 24–25)	☐	☐	☐
… Nomen und Satzanfänge großschreiben. (S. 26)	☐	☐	☐

Wörter erkennen, die auf -el enden

Merke

Bei Wörtern, die auf **-el** enden, hört man das **e** oft nicht.
Du hörst und sagst: Kugl
Du schreibst: Kugel

1 Lies den Text.

Im Zirkus

Emil ist mit seinem Kumpel Murat im Zirkus.
Zuerst kauft sich Emil eine Kugel Eis. Murat holt eine Tafel Schokolade und einen Apfel aus seinem Beutel.
Eine Orgel ist zu hören. Eine Frau reitet auf einem Esel herein. Sie hat einen Vogel auf dem Kopf.
Der Vogel hat riesige Flügel.
Auf einmal ist Nebel im Zelt und ein Rudel Pudel wuselt um einen Tisch herum.
Auf dem Tisch liegen eine Gabel und eine Brezel.
Der Vogel greift mit seinem Schnabel nach der Gabel.
Er pikst die Gabel in die Brezel. Nun tut er die Brezel dem Esel ins Maul. Jubel ertönt.

TIPP

Vogel: Du hörst ein F, du schreibst ein V.

2 Markiere alle Wörter im Text, die auf -el enden.

3 Suche die 16 Wörter mit **-el am Ende**. Markiere sie.

K	U	M	P	E	L	A	B	E	N	E	B	E	L
K	N	J	U	L	A	P	U	D	E	L	R	T	B
U	R	U	D	E	L	F	O	A	S	E	E	A	E
G	A	B	E	L	H	E	R	B	E	N	Z	F	U
E	S	E	R	L	E	L	G	E	L	B	E	E	T
L	F	L	Ü	G	E	L	E	N	F	A	L	L	E
S	C	H	N	A	B	E	L	D	V	O	G	E	L

Wörter, die auf -el enden, richtig abschreiben

1 Schreibe die Wörter ab.
Beachte die sechs Arbeitsschritte.

1. lesen 2. gliedern 3. merken	4. abschreiben 5. kontrollieren	6. berichtigen
Kumpel	Kumpl f	Kumpel
Kugel		
Tafel		
Apfel		
Esel		
Nebel		
Gabel		

2 Suche sechs Wörter aus, die für dich schwierig sind.
Schreibe sie ab. Achte auf die sechs Arbeitsschritte.

1. lesen 2. gliedern 3. merken	4. abschreiben 5. kontrollieren	6. berichtigen
Flügel Brezel Pudel Schnabel Jubel Vogel Rudel Orgel Beutel		

Sätze mit Wörtern, die auf -el enden, richtig abschreiben

1 Schreibe die Sätze ab. Beachte die sechs Arbeitsschritte:

1. lesen
2. gliedern
3. merken
4. schreiben und mitsprechen
5. kontrollieren
6. berichtigen

Im Zirkus

Emil ist mit seinem Kumpel Murat im Zirkus.

Zuerst kauft sich Emil eine Kugel Eis.

Murat holt eine Tafel Schokolade und einen Apfel aus seinem Beutel.

Eine Orgel ist zu hören.

2 Schreibe die Sätze ab. Beachte die sechs Arbeitsschritte.

Der Vogel hat riesige Flügel.

Auf einmal ist Nebel im Zelt und ein Rudel Pudel wuselt um einen Tisch herum.

Auf dem Tisch liegen eine Gabel und eine Brezel.

Der Vogel greift mit seinem Schnabel nach der Gabel.

Er pikst die Gabel in die Brezel.

Nun tut er die Brezel dem Esel ins Maul.

Jubel ertönt.

Nomen und Satzanfänge großschreiben

1 Lies den Text genau. Alle Wörter sind kleingeschrieben.

im zirkus

emil ist mit seinem kumpel murat im zirkus. zuerst kauft sich emil eine kugel eis. murat holt eine tafel schokolade und einen apfel aus seinem beutel. eine orgel ist zu hören. eine frau reitet auf einem esel herein. sie hat einen vogel auf dem kopf. der vogel hat riesige flügel. auf einmal ist nebel im zelt und ein rudel pudel wuselt um einen tisch herum. auf dem tisch liegen eine gabel und eine brezel.

2 Markiere alle Satzanfänge.

3 Unterstreiche alle Nomen im Text.

4 Kontrolliere und berichtige mit dem Text von Seite 28.

5 Schreibe den Text richtig auf.

Im Zirkus

___

___

___

___

___

___

___

___

___

___

Überprüfe dein Wissen und Können

1 Bilde mit den Silben Wörter und schreibe sie auf.

Ap | Pu | Flü | Schna | Ga | Ru | Ta | Ku

bel del gel fel

____

____

2 Ergänze die fehlenden Reimwörter mit Wörtern aus dem Text.

Trubel – ____________ Nabel – ____________

Prügel – ____________ Nudel – ____________

3 Suche dir zwei Sätze aus dem Text von Seite 32 aus.
Schreibe sie auswendig auf.

____

____

____

4 Kontrolliere die Sätze und berichtige sie: Streiche falsche Wörter durch und schreibe den Satz richtig auf.

____

____

____

Ich kann jetzt

… Wörter erkennen, die auf -el enden. (S. 28)	☐	☐	☐
… Wörter, die auf -el enden, richtig abschreiben. (S. 29)	☐	☐	☐
… Sätze mit Wörtern, die auf -el enden, richtig abschreiben. (S. 30–31)	☐	☐	☐
… Nomen und Satzanfänge großschreiben. (S. 32)	☐	☐	☐

Wörter erkennen, die auf -er enden

Merke

Bei Wörtern, die auf **-er** enden, hört man das **e** oft nicht.
Du hörst und sagst: Winta
Du schreibst: Winter

1 Lies den Text.

Der Winter

An einem Morgen im Dezember schaut Lion aus dem Fenster. Auf dem Eimer ist Eis.
Er ruft seiner Schwester zu: „Der Winter ist da!“
Es ist kalt, aber Saras roter Mantel ist schön warm.
Hinter dem Haus ist ein vereister Teich.
Lion testet das Eis mit dem Ruder vom Kanu.
Aber keiner traut sich vom Ufer auf das Eis.
Nach kurzer Zeit frieren beide.
Im Haus ist es viel wärmer.
Der Vater hat den Ofen angemacht.
Der Kater kuschelt auf seiner Schulter.

TIPP

vereister, **viel** und **Vater**:
Du sprichst ein F, du schreibst ein V.

2 Markiere alle Wörter im Text, die auf -er enden.

3 Suche die 16 Wörter mit **-er am Ende**. Markiere sie.

D	E	Z	E	M	B	E	R	L	E	R	M	K	S
A	D	W	R	I	R	A	B	E	R	F	L	U	C
K	S	I	O	T	U	F	E	R	M	E	R	R	H
A	E	N	T	E	V	A	T	E	R	N	U	Z	U
T	I	T	E	I	M	E	R	P	U	S	D	E	L
E	N	E	R	S	C	H	W	E	S	T	E	R	T
R	E	R	W	Ä	R	M	E	R	F	E	R	D	E
I	R	V	E	R	E	I	S	T	E	R	M	I	R

Wörter, die auf -er enden, richtig abschreiben

1 Schreibe die Wörter ab.
Beachte die sechs Arbeitsschritte.

1. lesen 2. gliedern 3. merken	4. abschreiben 5. kontrollieren	6. berichtigen
Winter	Winta f	Winter
Dezember		
Eimer		
roter		
vereister		
Ruder		
Vater		

2 Suche sechs Wörter aus, die für dich schwierig sind.
Schreibe sie ab. Achte auf die sechs Arbeitsschritte.

1. lesen 2. gliedern 3. merken	4. abschreiben 5. kontrollieren	6. berichtigen
Fenster Schwester Kater Ufer Vater Schulter seiner aber hinter keiner kurzer wärmer		

Sätze mit Wörtern, die auf -er enden, richtig abschreiben

1 Schreibe die Sätze ab. Beachte die sechs Arbeitsschritte:

1. lesen
2. gliedern
3. merken
4. schreiben und mitsprechen
5. kontrollieren
6. berichtigen

Der Winter

An einem Morgen im Dezember schaut Lion aus dem Fenster.

Auf dem Eimer ist Eis.

Er ruft seiner Schwester zu: „Der Winter ist da!“

Es ist kalt, aber Saras roter Mantel ist schön warm.

Hinter dem Haus ist ein vereister Teich.

2 Schreibe die Sätze ab. Beachte die sechs Arbeitsschritte.

Lion testet das Eis mit dem Ruder vom Kanu.

Aber keiner traut sich vom Ufer auf das Eis.

Nach kurzer Zeit frieren beide.

Im Haus ist es viel wärmer.

Der Vater hat den Ofen angemacht.

Der Kater kuschelt auf seiner Schulter.

Nomen und Satzanfänge großschreiben

① Lies den Text genau. Alle Wörter sind kleingeschrieben.

der winter

an einem morgen im dezember schaut lion aus dem fenster. auf dem eimer ist eis. er ruft seiner schwester zu: „der winter ist da!" es ist kalt, aber saras roter mantel ist schön warm. hinter dem haus ist ein vereister teich. lion testet das eis mit dem ruder vom kanu. aber keiner traut sich vom ufer auf das eis. nach kurzer zeit frieren beide. im haus ist es viel wärmer. der vater hat den ofen angemacht. der kater kuschelt auf seiner schulter.

② Markiere alle Satzanfänge.

③ Unterstreiche alle Nomen im Text.

④ Kontrolliere und berichtige mit dem Text von Seite 34.

⑤ Schreibe den Text richtig auf.

Der Winter

___

___

___

___

___

___

___

___

___

___

Überprüfe dein Wissen und Können

1 Bilde mit den Silben Wörter und schreibe sie auf.

Ei | Va | wär | Ru | Schul | Bru | Ka | Schwes

mer | ter | der

____

____

2 Ergänze die Wortpaare mit passenden Wörtern aus dem Text.

Bruder und ________	Mutter und ________
Katze und ________	Sommer und ________
vor und ________	kälter und ________

3 Schreibe zwei Sätze aus dem Text von Seite 38 auswendig auf.

____

____

____

4 Kontrolliere die Sätze und berichtige sie: Streiche falsche Wörter durch und schreibe den Satz richtig auf.

____

____

____

Ich kann jetzt

… Wörter erkennen, die auf -er enden. (S. 34)	☐	☐	☐
… Wörter, die auf -er enden, richtig abschreiben. (S. 35)	☐	☐	☐
… Sätze mit Wörtern, die auf -er enden, richtig abschreiben (S. 36–37)	☐	☐	☐
… Nomen und Satzanfänge großschreiben. (S. 38)	☐	☐	☐

Auf die Vokallänge achten: Wörter untersuchen

1 Lies den Text.

Haustiere

Die Schüler sitzen im Kreis. Nur vier Kinder melden sich auf die Frage, wer ein Haustier hat.

Anton hat einen alten Hamster. Hamster brauchen Platz und laufen viel. Sind sie müde, schlafen sie auf dem Boden.

Paula hat eine Katze mit braunen Tatzen. Sie schleicht leise durch den Garten und möchte eine Maus finden.

Rosi hat drei kleine Hasen. Sie toben gerne über den Rasen. Sie schlagen Haken und flitzen durch die Blumen.

Die Eltern von Lukas züchten Hunde. Für die Pflege der kleinen Welpen brauchen sie viel Zeit.

Nun meldet sich Nele. Sie hat einen Onkel, der Tauben züchtet. Tauben flogen früher Briefe nach Hause.

2 Schreibe die Wörter in Silben auf.

TIPP
Vier und **viel**: Du sprichst ein F, du schreibst ein V.

3 Markiere den Buchstaben am Ende der ersten Silbe.

Schüler	Schü ler	Kinder	________
melden	________	toben	________
Hasen	________	Tatzen	________
müde	________	gerne	________
finden	________	schlagen	________
Katze	________	Pflege	________

Merke

Endet die 1. Silbe mit einem Selbstlaut (Vokal) oder Umlaut, wird dieser **lang** gesprochen. Nach einem lang gesprochenen Selbstlaut / Umlaut folgt meistens nur ein Mitlaut.

1. Schreibe die Wörter in Silben auf.
2. Markiere den Selbstlaut / Umlaut am Ende der ersten Silbe.
3. Kennzeichne den langen Selbstlaut / Umlaut mit einem Strich.

Schüler	Schü ler	flogen	______
über	______	schlafen	______
Tiere	______	früher	______
Frage	______	Briefe	______
Rasen	______	Blumen	______
Boden	______	Haken	______

Merke

Endet die 1. Silbe mit einem Zwielaut, folgt meistens auch nur ein Mitlaut. Ausnahme: ch und sch.

4. Unterstreiche die Wörter mit einem Zwielaut.
5. Markiere den Zwielaut am Ende der ersten Silbe.
6. Schreibe diese Wörter auf.

TIPP
Zwielaute sind: au, ei und eu.

Katze kleine einen gerne leise

laufen brauchen finden braunen Rasen

schleichen Tauben Hunde flitzen züchten

______

______

Auf die Vokallänge achten: Wörter mit kurzem Vokal kennzeichnen

Merke

Endet die 1. Silbe mit einem Mitlaut, wird der Selbstlaut (Vokal) oder Umlaut **kurz** gesprochen.
Nach einem kurzen Selbstlaut / Umlaut folgen mindestens zwei Mitlaute.

1. Schreibe die Wörter in Silben auf.

2. Markiere den Mitlaut am Ende der ersten Silbe.

3. Kennzeichne den kurzen Selbstlaut / Umlaut mit einem Punkt.

Kinder	Kin der	melden	___
Welpen	___	Katze	___
Hamster	___	gerne	___
züchten	___	Eltern	___
Hunde	___	Tatze	___
finden	___	alten	___

4. Markiere die Wörter mit einem kurzen Selbstlaut / Umlaut in der ersten Silbe. Schreibe sie auf.

Pflege sitzen Blumen Onkel alten möchte

schlafen melden Hunde müde Welpen Hasen

flitzen Garten

___

___

___

Auf die Vokallänge achten: Wörter mit langem und kurzem Vokal unterscheiden

1 Lies die Wörter.

2 Markiere den Buchstaben am Ende der ersten Silbe.

Schüler sitzen Kinder melden Frage einen

alte Katze leise Garten möchte finden Hase

toben gerne über schlagen Blumen Eltern

Pflege Welpen Onkel Tauben Briefe

3 Schreibe die Wörter geordnet auf.

Die 1. Silbe endet mit einem Selbstlaut, Umlaut oder Zwielaut. Der Laut wird lang gesprochen, ein Mitlaut folgt.	**Die 1. Silbe endet mit einem Mitlaut. Der Selbstlaut oder Umlaut wird kurz gesprochen, mindestens zwei Mitlaute folgen.**
Schüler	sitzen

Wörter richtig abschreiben

1 Schreibe die Wörter ab.
Beachte die sechs Arbeitsschritte.

1. lesen 2. gliedern 3. merken	4. abschreiben 5. kontrollieren	6. berichtigen
Schüler	Schüla f	Schüler
Frage		
laufen		
Onkel		
Hamster		
schleichen		
Welpen		

2 Suche sechs Wörter aus, die für dich schwierig sind.
Schreibe sie ab. Achte auf die sechs Arbeitsschritte.

1. lesen 2. gliedern 3. merken	4. abschreiben 5. kontrollieren	6. berichtigen
kleine, früher, Garten, möchte, schlafen, züchten, alten, müde, flitzen, meldet, brauchen, Blumen		

1 Schreibe die Sätze ab. Beachte die sechs Arbeitsschritte:

1. **lesen**
2. **gliedern**
3. **merken**
4. **schreiben und mitsprechen**
5. **kontrollieren**
6. **berichtigen**

Haustiere

Die **Schüler sitzen** im Kreis.

____

Nur vier **Kinder melden** sich auf die **Frage**.

____

Anton hat **einen alten Hamster**.

____

Paula hat eine **Katze** mit **braunen Tatzen**.

____

Sie schleicht **leise** durch den **Garten** und **möchte** eine Maus **finden**.

____

____

Die **kleinen** Hasen toben **gerne über** den **Rasen**.

____

2 Kennzeichne bei den **blauen** Wörtern den Selbstlaut, Umlaut oder Zwielaut in der ersten Silbe mit _ (lang gesprochen) oder . (kurz gesprochen), z. B.: **Rose**, **Nelke**.

Nomen und Satzanfänge großschreiben

1 Lies den Text genau. Alle Wörter sind kleingeschrieben.

haustiere

die schüler sitzen im kreis. nur vier kinder melden sich auf die frage, wer ein haustier hat. anton hat einen alten hamster. hamster brauchen platz und laufen viel. sind sie müde, schlafen sie auf dem boden.
paula hat eine katze mit braunen tatzen. sie schleicht leise durch den garten und möchte eine maus finden. rosi hat drei kleine hasen. sie toben gerne über den rasen. sie schlagen haken und flitzen durch die blumen. die eltern von lukas züchten hunde. für die pflege der kleinen welpen brauchen sie viel zeit.

2 Markiere alle Satzanfänge.

3 Unterstreiche alle Nomen im Text.

4 Kontrolliere und berichtige mit dem Text von Seite 40.

5 Schreibe den Text richtig auf.

Haustiere

Überprüfe dein Wissen und Können

1 Male Silbenbögen unter die Wörter.

2 Markiere den Buchstaben am Ende der 1. Silbe.

Katze schlafen gerne müde toben

Boden Garten Hamster Briefe Hunde

Blumen Hasen alten Eltern

3 Schreibe die Wörter geordnet auf.

Die 1. Silbe endet mit einem Selbstlaut, Umlaut oder Zwielaut. Der Laut wird lang gesprochen, ein Mitlaut folgt.	Die 1. Silbe endet mit einem Mitlaut. Der Selbstlaut oder Umlaut wird kurz gesprochen, mindestens zwei Mitlaute folgen.

Ich kann jetzt

... auf die Vokallänge achten: Wörter untersuchen. (S. 40)	☐	☐	☐
... auf die Vokallänge achten: Wörter mit langem Vokal kennzeichnen. (S. 41)	☐	☐	☐
... auf die Vokallänge achten: Wörter mit kurzem Vokal kennzeichnen (S. 42)	☐	☐	☐
... auf die Vokallänge achten: Wörter mit langem und kurzem Vokal unterscheiden. (S.43)	☐	☐	☐
... Wörter richtig abschreiben. (S. 44)	☐	☐	☐
... Sätze richtig abschreiben. (S. 45)	☐	☐	☐
... Nomen und Satzanfänge großschreiben. (S. 46)	☐	☐	☐

Doppelkonsonanz: Wörter mit doppeltem Mitlaut richtig markieren

1 Lies den Text.

Der rettende Einfall

Familie Kappe plant den kommenden Sonntag.
Das Wetter soll toll werden. Bei blauem Himmel scheint den ganzen Tag die Sonne. Hanna möchte schwimmen gehen. Das findet die Mutter klasse.
Der Vater möchte dennoch zur Automesse und der kleine Till will auf jeden Fall mit seinem Vater gehen.
Sie müssen sich etwas einfallen lassen.
Alle sollen zufrieden sein. Aber wie können sie das schaffen?
Herr Kappe hat den rettenden Einfall:
„Alle machen einfach, was sie wollen. Um sieben treffen wir uns dann beim Italiener Pizza essen."

2 Unterstreiche alle Wörter im Text, die einen doppelten Mitlaut haben.

3 Schreibe die Wörter ab und markiere den doppelten Mitlaut.

Wetter	Wetter	Himmel	______
Sonne	______	schwimmen	______
klasse	______	lassen	______
können	______	schaffen	______
alle	______	dennoch	______
sollen	______	Pizza	______

Doppelkonsonanz: Doppelte Mitlaute einsetzen

1 Setze die doppelten Mitlaute **ff – nn – ss** ein.

e______en mü______en kö______en

scha______en tre______en kla______e

Merke

Du weißt:
Nach einem kurz gesprochenen Selbstlaut (Vokal) folgen zwei Mitlaute:
Pum pe fal ten Mus ter Tan te

Manchmal hörst du nach einem kurz gesprochenen Selbstlaut nur einen Mitlaut.
Du hörst und sprichst:
Pu pe fa len Mu ter Ta ne

Damit ein Leser erkennt, dass der Selbstlaut kurz gesprochen wird, musst du den Mitlaut verdoppeln. **Du schreibst:**
Puppe fallen Mutter Tanne

2 Setze ein: **ll – mm – pp – tt**

schwi______en re______en wo______en

Mu______er so______en Ka______e

Hi______el We______er fa______en

Merke

Du hörst und sprichst: Pu pe

Weil der Selbstlaut kurz gesprochen wird, müssen 2 Mitlaute folgen.

Du schreibst: Pu pp e

Da der Laut **p** in beide Silben gehört, malst du einen Kreuzbogen:

Den 1. Kreuzbogen malst du rechts vom 2. p zum Wortanfang. Den 2. Kreuzbogen malst du links vom 1. p bis zum Wortende, also um die doppelten Mitlaute herum.

Doppelkonsonanz: Wörter mit doppeltem Mitlaut erkennen und richtig schreiben

1 Unterstreiche die Wörter, die einen doppelten Mitlaut haben.

planen Wetter schwimmen möchte gehen alle

lassen aber wollen scheinen kleine sollen

jeden Himmel können seinem klasse zufrieden

2 Schreibe die unterstrichenen Wörter auf.

3 Male die Kreuzbögen.

4 Markiere das richtige Wort. Streiche das falsch geschriebene Wort durch.

Sone / Sonne

falen / fallen

ganzen / gannzen

sieben / siebben

finden / finnden

Vater / Vatter

trefen / treffen

müsen / müssen

5 Schreibe die Wörter aus Aufgabe 4 geordnet auf.

Wörter mit Silbenbogen	Wörter mit Kreuzbogen
Tante	Tanne

1 Schreibe die Sätze ab. Beachte die sechs Arbeitsschritte:

1. lesen
2. gliedern
3. merken
4. schreiben und mitsprechen
5. kontrollieren
6. berichtigen

Familie Kappe plant den kommenden Sonntag.

Das Wetter soll toll werden.

Hanna möchte schwimmen gehen.

Das findet die Mutter klasse.

Till will auf jeden Fall zur Automesse.

Sie müssen sich etwas einfallen lassen.

Alle sollen zufrieden sein.

Wir treffen uns dann beim Italiener Pizza essen.

2 Markiere die doppelten Mitlaute.

Nomen und Satzanfänge großschreiben

1 Lies den Text genau. Alle Wörter sind kleingeschrieben.

der rettende einfall

familie kappe plant den kommenden sonntag. das wetter soll toll werden. bei blauem himmel scheint den ganzen tag die sonne. hanna möchte schwimmen gehen. der vater möchte dennoch zur automesse. sie müssen sich etwas einfallen lassen. alle sollen zufrieden sein. aber wie können sie das schaffen? herr kappe hat den rettenden einfall: „alle machen einfach, was sie wollen. um sieben treffen wir uns dann beim italiener pizza essen."

2 Markiere alle Satzanfänge.

3 Unterstreiche alle Nomen im Text.

4 Kontrolliere und berichtige mit dem Text von Seite 48.

5 Schreibe den Text richtig auf.

Der rettende Einfall

1 Markiere die doppelten Mitlaute.

2 Male die Kreuzbögen unter diese Wörter.

müssen Sonne blauem Himmel

schaffen Familie Pizza Italiener

3 Setze ein: **l** oder **ll**?

Ze____te Ze____e Wo____e Wo____ke

4 Setze ein: **s** oder **ss**?

Ki____en Ki____te Ka____e Ka____per

5 Setze ein: **m** oder **mm**?

Ku____pel Ku____er Ha____er La____pe

6 Suche dir acht Wörter aus den Aufgaben 3-5 aus. Schreibe sie geordnet auf.

Wörter mit Silbenbogen	Wörter mit Kreuzbogen

Ich kann jetzt

… Doppelkonsonanz: Wörter mit doppeltem Mitlaute richtig markieren. (S. 48)	☐	☐	☐
… Doppelkonsonanz: Doppelte Mitlaute einsetzen (S. 49)	☐	☐	☐
… Doppelkonsonanz: Wörter mit dopppeltem Mitlaut erkennen und richtig schreiben (S. 50)	☐	☐	☐
… Sätze richtig abschreiben. (S. 51)	☐	☐	☐
… Nomen und Satzanfänge großschreiben. (S. 52)	☐	☐	☐

Test: Wörter in Silben gliedern

1 Lies den Text langsam und deutlich.

Reise nach Afrika

Wir fliegen und freuen uns! Afrika kann kommen!
Leider kündigen die Piloten eine turbulente Reise an.
Der Himmel ist fast schwarz. Hagel, Regen, aber auch heftige Winde begleiten uns. Einem Mann wird übel.
Hoch über den Wolken schaukelt es weniger.
Nach einiger Zeit befinden wir uns hinter der Regenfront.
Unter uns laufen Gazellen, Löwen und Elefanten.
Unser Flieger landet im fremden Afrika.
In unserer Unterkunft bekommen wir einen Saft aus frisch gepressten Zitronen. Morgen werden wir eine Safari machen.
Wir werden frei laufende, wilde Tiere sehen.
Das kann nur ein super tolles Abenteuer werden.

2 Markiere die zweisilbigen Wörter gelb, die dreisilbigen Wörter orange und die viersilbigen Wörter rot.

3 Wie viele Silben haben die Wörter im Text? Trage deine Ergebnisse ein:

Es gibt im Text ________ Wörter mit einer Silbe.

Es gibt im Text ________ Wörter mit zwei Silben.

Es gibt im Text ________ Wörter mit drei Silben.

Es gibt im Text ________ Wörter mit vier Silben.

Test: Silben zu Wörtern zusammensetzen

1 Setze aus den Silben passende Wörter zusammen und schreibe sie neben die Bilder.
Streiche die benutzten Silben durch.

ne	tro	ten	ger
fant	Wol	Zi	lo
Pi	le	Re	E
front	gen	Flie	ken

2 Setze aus den Silben Wörter zusammen. Schreibe sie auf.

1. Silbe:

lau	lei	se
wil	hin	ü

2. Silbe:

ter	de	fen
bel	hen	der

Test: Wörter, die auf -er, -el oder -en enden, richtig schreiben

1 Schreibe die Wörter ab. Achte beim Schreiben auf die Endungen -el, -er und -en. Beachte die Arbeitsschritte.

TIPP
Das e bei der Endung -el, -er, -en hört man nicht.

lesen, gliedern, merken	abschreiben, kontrollieren	berichtigen
berichtigen		
kündigen		
leider		
Piloten		
übel		
freuen		
Hagel		
Regen		
begleiten		
Wolken		
weniger		
einiger		
befinden		
Löwen		
Flieger		
Morgen		
Abenteuer		

1 Lies den Text genau. Alle Wörter sind kleingeschrieben.

reise nach afrika

wir fliegen und freuen uns. afrika kann kommen. leider kündigen die piloten eine turbulente reise an. der himmel ist fast schwarz. hagel, regen, aber auch heftige winde begleiten uns. einem mann wird übel. hoch über den wolken schaukelt es weniger. nach einiger zeit befinden wir uns hinter der regenfront. unter uns laufen gazellen, löwen, aber auch elefanten. unser flieger landet im fremden afrika. in unserer unterkunft bekommen wir einen saft aus frisch gepressten zitronen.

2 Markiere alle Satzanfänge.

3 Unterstreiche alle Nomen im Text.

4 Kontrolliere und berichtige mit dem Text von Seite 54.

5 Schreibe den Text richtig auf.

Test: Auf die Vokallänge achten

1 Lies die Wörter.
Achte auf den Selbstlaut, Umlaut oder Zwielaut in der 1. Silbe.

Reise fremden schaukelt wilde Tiere

über Saft Morgen heftig hinter

kündigen leider aber unter wenig

sehen landen laufen Flieger unser

2 Markiere den Buchstaben am Ende der 1. Silbe.

3 Schreibe die Wörter geordnet in die Tabelle.

Die 1. Silbe endet mit einem Selbstlaut, Umlaut oder Zwielaut. Der Laut wird lang gesprochen, ein Mitlaut folgt.	Die 1. Silbe endet mit einem Mitlaut. Der Selbstlaut oder Umlaut wird kurz gesprochen, mindestens zwei Mitlaute folgen.

Test: Wörter mit doppeltem Mitlaut richtig schreiben

1 Unterstreiche die Wörter mit einem doppelten Mitlaut.

Afrika Löwen hinter essen Reise treffen

fliegen tolles übel Zitronen können Wolken

kommen Hagel landen Himmel heftig gleiten

2 Schreibe die Wörter mit doppeltem Mitlaut auf.

3 Setze die Kreuzbögen.

4 Markiere das richtige Wort. Streiche das falsch geschriebene Wort durch.

Zele / Zelle

hinter / hinnter

komen / kommen

presen / pressen

Himel / Himmel

Winde / Winnde

morgen / morrgen

wilde / willde

5 Schreibe die Wörter aus Aufgabe 4 geordnet auf.

Wörter mit Silbenbogen	Wörter mit Kreuzbogen
Wolke	Wolle

teich. lion testet das eis mit dem ruder vom kanu. aber keiner traut sich vom ufer auf das eis. nach kurzer zeit frieren beide. im haus ist es viel wärmer. der vater hat den ofen angemacht. der kater kuschelt auf seiner schulter.

S. 39: **Aufg. 1:** Eimer, Vater, wärmer, Ruder, Schulter, Bruder, Kater, Schwester.
Aufg. 2: Bruder und Schwester, Katze und Kater, vor und hinter, Mutter und Vater, Sommer und Winter, kälter und wärmer.

S. 43: **Aufg. 3:** Erste Silbe endet mit Selbstlaut:
Schüler, Frage, einen, leise, Hase, toben, über, schlagen, Blumen, Pflege, Tauben, Briefe.
Erste Silbe endet mit Mitlaut:
sitzen, Kinder, melden, alte, Katze, Garten, möchte, finden, gerne, Eltern, Welpen, Onkel.

S. 46: **Aufg. 2 + 3:** haustiere
die schüler sitzen im kreis. nur vier kinder melden sich auf die frage, wer ein haustier hat. anton hat einen alten hamster. hamster brauchen platz und laufen viel. sind sie müde, schlafen sie auf dem boden. paula hat eine katze mit braunen tatzen. sie schleicht leise durch den garten und möchte eine maus finden. rosi hat drei kleine hasen. sie toben gerne über den Rasen. sie schlagen haken und flitzen durch die blumen. die eltern von lukas züchten hunde. für die pflege der kleinen welpen brauchen sie viel zeit.

S. 48: **Aufg. 2**
&
S. 52: **2+3:** der *rettende einfall*
familie *kappe* plant den *kommenden sonntag*. das *wetter soll toll* werden. bei blauem *himmel* scheint den ganzen tag die *sonne*. *hanna* möchte *schwimmen* gehen. der vater möchte *dennoch* zur *automesse*. sie *müssen* sich etwas *einfallen* lassen. *alle sollen* zufrieden sein. aber wie *können* sie das *schaffen*? *herr kappe* hat den *rettenden einfall*: „*alle* machen einfach, was sie *wollen*. um sieben *treffen* wir uns *dann* beim italiener zum *pizza* essen."

S. 49: **Aufg. 1:** essen, müssen können, schaffen, trennen, klaffen.
Aufg. 2: schwimmen, retten, wollen, Mutter, sollen, Kappe, Himmel, Wetter, fallen.

S. 50: **Aufg. 3:** Wetter, schwimmen, alle, lassen, wollen, sollen, Himmel, klasse, können

Aufg. 5:

Wörter mit Silbenbögen	Wörter mit Kreuzbogen
finden	Sonne
Vater	fallen
ganzen	treffen
sieben	müssen

S. 53: **Aufg. 2:** müssen, Sonne, Himmel, schaffen, Pizza
Aufg. 3: Zelte, Zelle, Wolle, Wolke
Aufg. 4: Kissen, Kiste, Kasse, Kasper
Aufg. 5: Kumpel, Kummer, Hammer, Lampe

S. 54: **Aufg. 2 + 3:** reise nach afrika
&
S. 57: wir fliegen und freuen uns! afrika kann kommen! leider kündigen die piloten eine turbulente reise an. der himmel ist fast schwarz. hagel, regen, aber auch heftige winde begleiten uns. einem mann wird übel. hoch über den wolken schaukelt es weniger. nach einiger zeit befinden wir uns hinter der regenfront. unter uns laufen gazellen, löwen und elefanten. unser flieger landet im fremden afrika. in unserer unterkunft bekommen wir einen saft aus frisch gepressten zitronen. morgen werden wir eine safari machen. wir werden frei laufende, wilde tiere sehen. das kann nur ein super tolles abenteuer werden.

S. 54: **Aufg. 4:** 37 Wörter mit einer Silbe, 37 Wörter mit zwei Silben, 19 Wörter mit drei Silben, 3 Wörter mit vier Silben.

S. 55: **Aufg. 2:** Piloten, Regenfront, Zitrone, Wolken, Elefant, Flieger.
Aufg. 3: hinter, laufen, leider, sehen, wilde, übel.

S. 58: **Aufg. 3:** Erste Silbe endet mit Selbstlaut:
Reise, schaukelt, Tiere, über, leider, aber, wenig, sehen, laufen, Flieger.
Erste Silbe endet mit Mitlaut:
fremden, wilde, Saft, Morgen, heftig, hinter, kündigen, unter, landen, unser.

S. 59: **Aufg. 3:** essen, treffen, tolles, können, kommen, Himmel
Aufg. 5:

Wörter mit Silbenbögen	Wörter mit Kreuzbogen
hinter	Zelle
Winde	Himmel
morgen	kommen
wilde	pressen

S. 5: **Aufg. 3:** Tisch, Glas, nun, hole, grüne, sie, lege, Öl, schäle

S. 9: **Aufg. 1:** Möwe, Wüste, Schule, Kiste, Meise, Rabe, Biene, Maus, Käse, Eule.

S. 10: **Aufg. 2:** Heute besuche ich meine liebe Tante Lene. Das mache ich gerne, weil sie viele Tiere hat. Meine Tante hat zwei alte Hunde. Sie sind schon grau. Sie hat auch eine kleine Katze. Die Katze ist scheu. Auf der Weide sind vier schwarze Kühe und eine braune Ziege. Ich lege mich auf eine schöne, bunte Wiese.

S. 11: **Aufg. 4:** Drei Wörter mit einer Silbe: z. B. ich, sie, hat. Drei Wörter mit zwei Silben: z. B. Heute, meine, Tante.

S. 14: **Aufg. 1:** Kühe, Tante, Ziege, Katze, Wiese, Hunde.
Aufg. 2: Meine Tante hat zwei alte Hunde. Sie hat auch eine kleine Katze. Auf der Weide sind vier schwarze Kühe. Ich lege mich auf die bunte Wiese.

S. 15: Aufg. 2: Die kleine Katze ist scheu. Die Hunde sind alt und grau. Vier schwarze Kühe sind auf der Weide.

S. 16: **Aufg. 3:** ein Einkauf, ein Papa, ein Schuh, ein Opa, ein Sofa
eine Mama, eine Bluse, eine Tasche, eine Merle, eine Schule, eine Tinte, eine Tanz-AG, eine Salbe, eine Wunde, eine Pfeife, eine Oma, eine Lampe, eine Torte, eine Laune.

S. 17: **Aufg. 1:**
Bestimmter Artikel: die Tanz-AG, die Schule, das Sofa, der Einkauf.
Unbestimmter Artikel: eine Salbe, eine Bluse, eine Tasche, eine Pfeife.
Pronomen: meine Mama, meinen Opa, unsere Oma, seine Wunde.
Adjektiv: gute Laune, flache Schuhe, bunte Kreide, schwarze Tinte.

S. 20: **Aufg. 2 + 3:** der einkauf
meine mama kauft sich eine bluse. papa möchte eine tasche haben. merle braucht für die schule schwarze tinte und bunte knete. ich finde flache schuhe für meine tanz-AG. danach hole ich für meinen opa eine salbe für seine wunde. unser opa testet eine pfeife. unsere oma findet eine lampe für das sofa. sie hat für uns auch eine torte gekauft. nun haben wir gute laune.

S. 21: **Aufg. 2:** Papa, Tasche, Salbe, Wunde, Opa, Oma, Sofa, Lampe, Samstag, Schule, Fliege, Nase, Tante, Torte, Küche.

S. 22: **Aufg. 3:** waagrecht: Birnen, Besen, Regen, holen, Boden, Kuchen, unten;
senkrecht: kaufen, Laden, Wolken, Rasen, fegen, oben, Garten.

S. 26: **Aufg. 2 + 3:** das zelt
paul hat ein zelt auf dem dachboden gefunden. er darf im garten zelten. paul ruft maren an. beide holen das zelt vom boden nach unten. paul baut es auf dem rasen auf. zuerst fegen sie das zelt mit einem besen aus. nun gehen sie in einen laden einkaufen. sie kaufen kuchen, birnen und zwei dosen cola. danach liegen sie gemütlich auf dem rasen. paul schaut nach oben in die wolken. nein, es darf keinen regen geben!

S. 27: **Aufg. 1:** liegen, Garten, fegen, Boden, Regen, Laden, zelten.
Aufg. 2: legen – fegen, suchen – Kuchen, warten – Garten, Faden – Laden, Hosen – Dosen, leben – geben, weinen – keinen, Welten – zelten.

S. 28: **Aufg. 3:** waagrecht: Kumpel, Nebel, Pudel, Rudel, Gabel, Flügel, Schnabel, Vogel;
senkrecht: Kugel, Jubel, Apfel, Orgel, Esel, Brezel, Tafel, Beutel.

S. 32: **Aufg. 2 + 3:** im zirkus
emil ist mit seinem kumpel murat im zirkus. zuerst kauft sich emil eine kugel eis. murat holt eine tafel schokolade und einen apfel aus seinem beutel. eine orgel ist zu hören. eine frau reitet auf einem esel herein. sie hat einen vogel auf dem kopf. der vogel hat riesige flügel. auf einmal ist nebel im zelt und ein rudel pudel wuselt um einen tisch herum. auf dem tisch liegen eine gabel und eine brezel.

S. 33: **Aufg. 1:** Apfel, Pudel, Flügel, Schnabel, Gabel, Rudel, Tafel, Kugel.
Aufg. 2: Trubel – Jubel, Prügel – Flügel, Nabel – Schnabel, Nudel – Pudel.

S. 34: **Aufg. 3:** waagrecht: Dezember, aber, Ufer, Vater, Eimer, Schwester, wärmer, vereister;
senkrecht: Kater, seiner, Winter, roter, Fenster, Ruder, kurzer, Schulter.

S. 38: **Aufg. 2 + 3:** der winter
an einem morgen im dezember schaut lion aus dem fenster. auf dem eimer ist eis. er ruft seiner schwester zu: „der winter ist da!“ es ist kalt, aber saras roter mantel ist schön warm. hinter dem haus ist ein vereister

A, a
aber
Abenteuer
Afrika
alle
alte
alten
am
an
angemacht
Anton
Apfel
auch
auf
aus
Automesse

B, b
Banane
baut
befinden
begeistert
begleiten
bei
beide
beiden
beim
bekommen
Besen
besuche
Beutel
Biene
bin
Birnen
blaue
blauem
Bluse
Boden
brauchen
braucht
braune
braunen
Brezel
Briefe
Brot
bunte

D, d
da
dabei
Dachboden
danach
dann
darf
das
dazu
deine
dem
den
dennoch
der
Dezember
die
drei
durch

E, e
Efeu
Eimer
ein
eine
einem
einen
einfach
Einfall
einfallen
einiger
Einkauf
einkaufen
einmal
eins
Eis
Elefanten
Eltern
Emil
Ende
er
ertönt
es
Esel
essen
etwas
Euro

F, f
Fall
fallen
falten
Familie
fast
fegen
Fenster
finde
finden
findet
flache
Flaschen
fliegen
fliegt
Fliege
Flieger
flitzen
flogen
Flügel
Frage
Frau
frei
fremden
freuen
Freunde
Freundin
frieren
frisch
früher
für

G, g
Gabel
ganzen
Gardine
Garten
Gazellen
gebe
geben
gebracht
gefunden
gehe
gehen
gekauft
gelbe
gemütlich
gepressten
gerne
Glas
gleich
Gräte
grau
graue
greift
grüne
Gurke
gute

H, h
habe
haben
Hagel
Haken
Hammer
Hamster
Hanna
Hasen
hat
Haus
Hause
Haustiere
heftige
herein

Herr
herum
heute
hilft
Himmel
hinter
hoch
hole
holen
holt
hören
Hunde

I, i

ich
im
in
ins
ist
Italiener

J, j

Jubel
jeden

K, k

kalt
kann
Kanu
Kappe
Käse
Kasse
Kater
Katze
Kasper
kaufen
kauft
keine
keinen
keiner
Kinder
Kissen
Kiste
klasse
kleine
kleinen
Knete
kommen
kommenden
können
kostet
Kopf
Kreis
Krone
Kuchen
Küche
Kugel
Kühe
Kummer
Kumpel
kündigen
kurzer
kuschelt

L, l

Laden
Lampe
landen
landet
lassen
Laterne
laufen
laufende
Laune
lege
leider
leise
Lene
Leute
liebe
liegen
liest
Lion
Löwen
Lukas

M, m

mache
machen
macht
mal
Makrele
Mama
Mann
Mantel
Maren
Maul
Maus
meine
meinem
meinen
melden
meldet
Melone
Merle
mich
Milch
mit
möchte
Morgen
müde
Murat
Muster
müssen
Mutter
Mütze

N, n

nach
Nase
Nebel
nein
Nele
neue
neun
nicht
nun
nur

O, o

oben
Ofen
Öl
Oma
Onkel
Opa
Orgel

P, p

Pampelmuse
Papa
Paul
Pfeife
Paula
Pause
Pflege
pikst
Piloten
Pizza
planen
plant
Platz
pressen
Pudel
Pumpe
Puppe

R, r

Rakete
Rasen
Regen
Regenfront
Reise
reite
reitet
rettende
rettenden
riesige

Rosi
rote
roter
Rudel
Ruder
runde
ruft

S, s

Safari
Saft
Salbe
Salz
Samstag
Sandale
Sara / Saras
sehen
seine
seinem
seiner
sich
sie
sieben
sind
sitze
sitzen
Sofa
soll
sollen
Sonne
Sonntag
Sülze
super

Sch, sch

schäle
schaffen
schaukelt
schaut
scheinen
scheint
schlafen
schlagen
schleicht
Schleife
Schnabel
schneide
Schokolade
schon
schön
schöne
Schraube
Schuhe
Schule
Schüler
Schulter
schwarz
schwarze
Schwester
schwimmen

T, t

Tafel
Tag
Tante
Tanne
Tanz-AG
Tasche
Tatzen
Taube
Tauben
Teich
testet
teure
Tiere
Till
Tinte
Tisch
toben
toll
tolles
Tomate
Torte
Traube
traut
treffen
treue
turbulente
tut

U, u

Ufer
um
und
uns
unser
unsere
unserer
unten
unter
Unterkunft

Ü, ü

über
übel

V, v

Vater
vereister
viel
viele
vier
Vogel
vom
von

W, w

warm
wärmer
was
weiche
Weide
weil
Welpen
weniger
wer
werden
Wetter
wie
Wiese
wilde
will
Winde
Winter
wir
wird
Wolke
Wolken
Wolle
wollen
Wunde
Würste
würze
wuselt

Z, z

zwei
Zeit
Zelle
Zelt
Zelte
zelten
Ziege
Zirkus
Zitrone
Zitronen
zu
züchten
züchtet
zuerst
zufrieden
zur